글 김순한

이화여자대학교와 대학원에서 교육학을 공부했어요. 출판사에서 어린이 책을 만들었고, 어린이 생태 잡지 〈까치〉에서 편집장을 지냈습니다. 쓴 책으로는 《양재천에 너구리가 살아요》, 《구더기는 똥이 좋아》, 《거미 얘기는 해도 해도 끝이 없어》, 《씨앗은 무엇이 되고 싶을까?》, 《비는 어디서 왔을까?》, 《이렇게나 똑똑한 식물이라니!》, 《사사사삭 땅 속으로 들어가 봐》 등이 있습니다.

그림 정승희

홍익대학교에서 회화를, 연세대학교 영상대학원에서 방송 영화를 공부했습니다. 창작 애니메이션 〈빛과 동전〉 등을 만들어 국내외에서 상영했으며, 지금까지 그린 책으로는 《랑랑별 때때롱》, 《사과나무 밭 달님》, 《나 혼자 자라겠어요》, 《그 밖의 여러분》, 《울보대장》, 《야호! 난장판이다》, 《고추 먹고 맴맴》, 《하시구 막힌 날》, 《엄마 아빠, 왜 일을 해요?》, 《세 번째 바람을 타고》 등이 있습니다.

감수 이경재

서울대학교 임학과에서 석사와 박사를 받았고, 환경 생태학회 회장 등을 지냈습니다. 지금은 서울시립대학교 건축도시조경학부 조경학과 환경생태학 전공 교수로 있습니다. 《조경 식물 소재 도감》을 함께 썼고, 《시민을 위한 환경 교실》, 《우리나라 전통적 자연 경관의 가치》, 《우리 땅 곳곳 아프지 않은 곳 없네》 등을 썼습니다.

이야기 과학탐험 **푸릇 파릇 가로수를 심어 봐**

펴낸날 개정판 1쇄 발행 2017년 7월 20일
글 김순한 | 그림 정승희 | 감수 이경재
펴낸이 박수완 | 콘텐츠개발센터장 정업진 | 개발책임 김문주
기획편집 한재준 황지영 | 디자인 정진선
마케팅 최주원 전하정 | 제작 이현애 | 인쇄·제본 타라TPS
펴낸곳 (주)대교 | 등록일 1979년 6월 1일 | 등록번호 제16-11호
주소 서울특별시 관악구 보라매로3길 23 대교타워
주문 전화 02)829-1582 | 주문 팩스 070)4170-4316 | 내용 문의 02)829-1098

© 김순한·정승희, 2010
ISBN 978-89-395-7054-2 ISBN 978-89-395-7051-1(세트)

*잘못 만들어진 책은 구입한 곳에서 바꾸어 드립니다.
*이 책에 실린 사진은 모두 저작권이 있습니다. 사진 제공 및 저작권자는 접지 맨 뒤쪽에 정리되어 있습니다.

푸릇 파릇 가로수를 심어 봐

북스 주니어

"콜록콜록!"
유치원 다닐 때의 일이야.
아파트로 이사 온 다음부터 기침이 자주 났어.
새벽이면 더 심해졌지.
"자꾸 기침을 해서 어쩌니…….
아파트 앞에 찻길이 있어서 그런가?
늘어나는 자동차들 때문에 공기도 나빠지고
그렇다고 당장 이사를 갈 수도 없고……."
엄마가 걱정스런 목소리로 말했어.

두두두두 두두두두.
유치원에 갔다 왔는데
갑자기 시끄러운 거야.
엄마는 혀를 끌끌 차며 말했어.
"자동차 소리에 굴착기 소리까지
동네를 아주 흔들어 놓는구나.
진짜 이사를 가든지 해야지, 원…….
아이고 시끄러워!"

베란다 창문을 열고 밤하늘을 쳐다봤어.
"아빠, 별이 잘 안 보여요."
"정말 그렇구나. 공기도 오염되고
불빛이 너무 환해서 별이 잘 안 보일 거야.
새봄이도 자꾸 기침하고……
공기가 깨끗해지는 방법이 없을까?"
아빠 말에 엄마는 뭔가 골똘히 생각하다가 말했어.
"나무를 심어서 가로수 길을 만들면 어때요?
공기도 맑아지고, 소음도 줄여 준다고 하던데."
"정말 좋은 생각이네. 반상회에 올려 봅시다!"
"나도 반상회 따라갈래요!"

"우리 아이도 기침을 해요."
"우리 아이도 귀를 틀어막아요!"
"아토피가 있다고요, 아토피!"
반상회에서 동네 사람들도 소리 높여 저마다 걱정거리를 늘어놨어.
"우리 동네에 가로수 길을 만들면 어떨까요?"
엄마 말에 모두 고개를 끄덕끄덕.
"나무도 심고, 베란다나 옥상에 정원을 만들어요."
"초록 아파트가 되면 공기도 좋아질 거예요."

가로수 길 계획은 빨리 진행됐어.
우리 아파트 사람들 의견이 구청에 접수됐고,
가로수 심기가 시작됐지.
"나무를 심어요~ 나무를 심어요~
큰길가에 푸른 친구 나무를 심어요~
키 큰 나무 사이에 떨기나무도 심어요~
영차, 구덩이를 파고 나무를 심은 다음~
영차, 흙을 꼭꼭 덮고 물을 주어요~"

우리가 심은 가로수는 왕벚나무래.
왕벚나무를 다 심고 이름표도 달아 주었어.

계절이 바뀌고 시간이 흘렀어.
봄, 여름, 가을, 겨울
다시 봄, 여름, 가을, 겨울이 지났지…….

잠깐, 가로수 이야기 하나

가로수가 뭘까요?

　가로수는 큰길가에 줄지어 심은 나무를 이르는 말이에요. 만약 도시에 가로수가 없다면 참 쓸쓸할 거예요. 가로수는 도시에 푸름과 시원한 그늘을 만들어 주며, 광합성을 통해 지구를 덥게 하는 이산화탄소를 흡수하고 산소가 풍부한 공기를 내뿜어요.

　그러면 어떤 나무들이 가로수로 알맞을까요? 우선 빨리 자라고 옮겨 심기 편한 나무, 모양이 아름다운 나무, 병충해와 공해에 잘 견디는 나무, 바람에 쓰러지지 않는 나무 등을 꼽을 수 있어요. 우리나라에서는 은행나무, 왕벚나무, 서양버즘나무, 메타세쿼이아 등을 주로 심어요.

가로수로 많이 심는 나무 하나 — 은행나무와 왕벚나무

은행나무

병충해가 적고 공해에 대한 저항력도 강해서 가로수로 많이 심어요. 잎을 벌레가 잘 안 먹어서 가꾸기 쉬운 나무랍니다. 가을에 잎이 노랗게 물들고, 둥근 열매가 누렇게 익어요.

왕벚나무

봄에 잎보다 먼저 꽃이 피는 나무예요. 하얀색이나 연분홍색 꽃으로 뒤덮인 모습이 아름다워, 길가나 공원에 심어요. 줄기에 가로로 무늬가 나 있어요. 이른 여름, 꽃이 진 자리에서 둥근 열매가 검게 익어요.

가을에는 잎이 노랗게 물들어요.

가을에는 잎이 붉게 물들어요.

은행나무 열매인 '은행'이에요. / 은행나무 줄기예요.

벚나무 열매인 '버찌'예요. / 왕벚나무 줄기예요.

나무는 무엇일까요?

나무는 세상에서 가장 큰 식물이에요. 대부분 사람보다 키가 크게 자라고, 훨씬 오래 살아요. 나무의 몸은 줄기와 잎, 뿌리로 나뉘어요. 나무는 껍질로 둘러싸여 있으며, 나무껍질은 줄기를 보호해 줍니다.

나무줄기에는 부름켜(형성층)가 있어서 해가 지날수록 줄기가 점점 굵어져요. 부름켜가 줄기를 굵게 자라게 해요.

나뭇잎은 햇빛을 이용해서 물과 이산화탄소로 나무에 필요한 영양분을 만들어요. 이 과정을 '광합성'이라고 하며 광합성을 하는 동안 산소를 공기 중으로 내보내지요.

나무줄기는 나무껍질로 둘러싸여 있군.

어린 나무의 부름켜(형성층)예요.

안에서 껍질이 자라면서 오래된 나무껍질을 밀어내지요.

잎
줄기
뿌리

나무는 어떻게 심을까요?

나무 심기 좋은 때는 나무의 눈이 트기 전인 3~4월이에요. 가로수의 경우는 봄철과 가을철에 심어요.

1. 나무 크기에 따라 구덩이를 넉넉히 파고, 겉흙과 속흙을 따로 모아요. 돌과 낙엽 등을 가려내지요.

2. 부드러운 겉흙을 먼저 넣은 다음, 뿌리를 잘 펴서 곧게 세워요. 겉흙부터 구덩이의 3분의 2 정도를 채워 주어요.

3. 묘목을 살며시 위로 잡아당기면서 밟아 주어요.

4. 나머지 흙으로 덮고 잘 밟아 준 다음, 물을 주어요.

 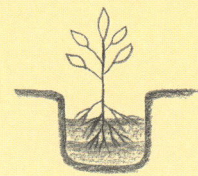 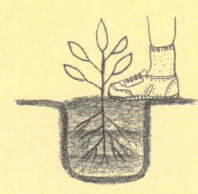 

봄이다, 봄이 왔어!
학교에서 집에 가는 길에 궁금해서 가로수한테 들렀어.
와! 제비꽃, 꽃다지, 서양민들레 들이
올망졸망 고개를 내밀고 있지 뭐야.
"무당벌레다!"
빨간 바탕에 검정 무늬가 일곱 개!
칠성무당벌레야.
손가락에 올려놓자 부~웅
순식간에 날아가 버리네.

오늘은 재우랑 학교 가는 길에 가로수를 만났어.
삐-잇 삐-잇 삐비빗.
어디서 날아왔는지 새 한 마리가
나무 꼭대기에 앉아 지저귀고 있어.
가슴이 두근두근!
재우와 나는 꼼짝 않고 바라봤어.
어찌나 시끄러운지 수다쟁이 같아.
어? 우리가 쳐다보는 걸 눈치챘는지 갑자기 날아오르네.
삐-잇 삐-잇 삐비빗.
날면서도 잘 우네.
새 이름이 알고 싶어서 도감을 찾아봤더니 '직박구리'래.
직박구리, 참 예쁜 이름이다!

4월이야.
날씨가 점점 따스해지고, 새들이 온종일 노래 불러.
어느새 가로수 길이 깜짝 놀랄 만큼 변했지 뭐니!
새하얗게 피어난 벚꽃으로 눈이 부셔.
저녁때는 꽃구경하러 산책 나온 동네 사람들로 북적거려.
왕벚나무는 잎보다 꽃이 먼저 핀대.
살랑살랑 봄바람이 불자 꽃잎이 여기저기로 흩날려.
우아, 꽃비가 내린다.
동화 속 주인공이 된 것 같아!

잠깐 가로수 이야기 둘

가로수는 무슨 일을 할까요?

아스팔트 도로와 자동차, 콘크리트 건물로 가득 찬 도시에서 가로수는 대단한 일을 해요. 시원한 그늘을 만들어 주고, 산소를 내뿜어 공기를 맑게 해요. 자동차 배기가스와 먼지 등 오염 물질을 빨아들이는 공기청정기 역할도 하지요. 자동차 소리를 비롯한 소음도 흡수하고, 도시의 온도를 낮추는 역할도 하고요. 도시에 가로수가 10퍼센트 늘어나면 온도가 0.5~0.7도쯤 떨어진다고 해요.

가로수는 자동차로부터 인도에 있는 사람을 보호해 주지요. 도시 안의 공원과 공원, 숲과 숲을 서로 연결하여 새들이 날아오고 생물들의 보금자리 역할도 하고요. 뿐만 아니라 가로수는 계절에 따라 변해서 도시를 아름답게 해 주고, 우리 마음을 편안하고 쾌적하게 해 준답니다. 그냥 바라보기만 해도 좋으니까요!

가로수로 많이 심는 나무 둘 – 서양버즘나무와 메타세쿼이아

서양버즘나무 (플라타너스)

회색 도시를 가장 빠른 시간 안에 초록빛으로 물들이는 나무예요. 그만큼 튼튼하고 빨리 자라는 나무로, 공기 속 오염 물질을 잘 빨아들여요. 서울 시내 가로수의 3분의 1 정도가 서양버즘나무라고 합니다. 나무껍질이 허옇게 벗겨져서 버짐 핀 것 같다고 '버즘나무'라고 불러요.

메타세쿼이아

줄기가 곧고 높이 자라요. 나무 전체 모양이 원뿔 모양으로 아름답고, 가지런한 느낌을 줘요. 바늘잎나무로는 드물게 가을에 잎이 누렇게 물들고 작은 가지와 함께 통째로 떨어져요.

줄기의 나무껍질이 벗겨져요.

가을에는 잎이 갈색으로 물들어요.

세로로 곧게 뻗은 줄기예요.

가을에는 잎이 누렇게 물들어요.

메타세쿼이아의 열매예요.

우아, 재밌게 생겼네.

나무의 한살이를 알아보아요 - 참나무 이야기

숲에 가서 도토리를 본 적이 있지요? 도토리는 참나무 종류의 열매이자 씨앗이에요. 나무도 풀처럼 씨앗에서 자란답니다. 씨앗은 공기와 물, 알맞은 온도가 갖추어지면 자라기 시작해요. 참나무 종류는 3년 정도 자라면 어린이 키만큼 커지고, 10년이 되면 4미터 가까이 자랍니다. 싹이 트고 약 15년 정도 지나면 대부분 꽃을 피우고 도토리를 맺어요.

도토리가 땅에 떨어져요. → 도토리에서 싹이 나고 나무로 자랄 거예요. → 다 자란 참나무 종류는 도토리를 맺지요.

하나 더! - 워싱턴야자

워싱턴야자

우리나라에 특별한 나무가 가로수로 자리 잡은 곳이 있어요. 바로 제주특별자치도의 제주시와 서귀포시인데, 워싱턴야자가 가로수로 있지요. 워싱턴야자는 곧게 자라고 키도 아주 커요. 나무줄기에 가지가 없고, 크고 두꺼운 잎을 가지고 있어서 덥고 습한 제주특별자치도에서 가로수로 쓰기엔 그만이랍니다.

나무를 구분해요

나무는 모양에 따라 '큰키나무(교목)'와 '떨기나무(관목)'로 나눠요. 큰키나무는 주된 나무줄기가 굵어서 가는 가지와 구분이 뚜렷한 나무예요. 키가 5~8미터 이상인 큰 나무들로 느티나무, 소나무, 신갈나무, 왕벚나무 들이 속해요. 떨기나무는 밑동에서 줄기가 여러 개 나며, 키가 2미터쯤 되지요. 개나리, 진달래, 국수나무, 싸리나무 들이에요.

또 나무는 잎 모양에 따라 잎이 바늘처럼 뾰족한 '바늘잎나무'와 잎이 넓은 '넓은잎나무'로 나눌 수 있어요. 바늘잎나무는 대부분 일년 내내 잎이 푸른 상록수예요. 대부분의 넓은잎나무는 서울 같은 중부 지방에서 가을에 잎이 떨어지고 봄에 새잎이 나와요.

떨기나무인 개나리예요. 큰키나무인 느티나무예요. 넓은잎나무인 단풍나무예요. 바늘잎나무인 소나무예요.

신나는 여름이 왔어.
가로수는 만날 때마다 조금씩 달라져.
연둣빛 작은 잎들이 어느새 초록 잎으로 자랐네.
나뭇잎 사이에 버찌 좀 봐!
벚나무 열매를 '버찌'라고 부르는데 콩알만 해.
버찌는 처음엔 초록색이다가 붉어지고
익으면 검은색으로 바뀌어.
바닥에 떨어진 버찌를 옷에 쓱 문지르고 나서 입에 쏙 넣었어.
달면서 신맛이 나.
헤헤, 직박구리도 버찌를 좋아할까?

엄마랑 장을 보러 나왔다가
가로수 그늘 아래서 잠깐 쉬어 가기로 했어.
"자동차 소리가 덜 시끄러워요."
"그래, 가로수 잎사귀들이 소음을 빨아들이는 모양이야."
바람 한 점 불어와 얼굴을 시원하게 해 주고 가네.
어휴, 근데 눈꺼풀이 왜 이렇게 무거워지는 거야.
잠이 오네, 잠이……

갑자기 몸이 가벼워졌어.
작은 새가 된 듯한 기분이야.
두 눈을 살며시 떠 봤어.
앗! 내가 가로수 꼭대기에 앉아 있는 게 아니겠어!
양팔을 조심스레 움직이며 날갯짓을 해 봤어.

포르르 포르르.
이야! 날아오른다, 날아올라!
우아, 우리 동네가 보여!
온 세상이 다 보여!
내 몸은 풍선처럼 점점 가벼워졌어.
초록 물결 따라서 멀리멀리 날아갔지.

"우리 새봄이가 꿈을 꾸었나 보구나."
엄마가 깔깔깔 웃었어.

내가 정말 꿈을 꾼 걸까?
벌떡 일어나 가로수에게 다가갔지.
"안녕, 친구 나무야!"

우리 동네에 가로수와 작은 숲이 늘어났어.
가로수는 새와 곤충 친구들을 불러들였지.
누구나 가로수 길을 사랑하게 되었어.
봄, 여름, 가을, 겨울이 바뀌는 아름다운 모습을
도시에서도 느낄 수 있게 되었단다.

가로수가 아파요

도시에서 자라는 가로수들은 사람들에게 많은 도움을 주지만
늘 어려움을 겪고 있어요. 가로수에 묶인 끈을 본 적이 있을 거예요.
광고 현수막을 걸거나 상가의 전등을 매달기 위해 가로수 줄기에
끈을 묶지요. 심지어는 철사 줄로 묶는 경우도 있어요.
오랫동안 그대로 놔두면 그 부분이 움푹 파이게 되지요.
그러면 나무가 잘 자랄 수 없어요.
나무는 위로도 자라지만 옆으로도 자라니까요.
우리들 가슴이나 배에 끈을 꽁꽁 묶고 하루만
지낸다고 생각해 보아요. 정말 끔찍하지요?

가로수야, 전봇대야?

가로수에 전깃줄이 얼기설기 얽혀 있어요.

나무가 숨을 쉬기 힘들 것 같아요.

몸통이 잘려 나간 가로수가 아파 보여요.

뿌리가 상해서 힘들 것 같아요.

나무에 못을 박았어요. 너무 아프겠지요?

나무줄기가 푹 파여 버렸어요.

줄기에 난 상처는 또 어떻고요?
자동차 사고로 생긴 경우도 있지만 사람들의 부주의로
상처를 입기도 해요. 우리 눈에 보이진 않지만
가로수 뿌리도 마음껏 뻗어 나가지 못할 거예요.
땅 속에는 수많은 전선과 수도관이 얼기설기 얽혀 있으니까요.

가로수는 쓰레기통이 아니랍니다!
가로수 보호 덮개 사이에 담배꽁초나 쓰레기를 버리는 행동은
참으로 부끄러운 일이죠. 가로수는 어엿한 생명체로
도시의 생물 이동 통로 역할을 하고 있답니다.

가로수를 쓰레기통으로 만들어 버렸군!

가로수 자리가 쓰레기통이 되어 버렸어요.

가로수 조사 보고서

조사한 사람: 푸른 초등학교 2학년 1반 이새봄

조사 장소: 서울시 은행구 단풍동 1번지 라일락 마을(우리 동네)

조사 기간: 0000년 00월 00일 ~ 0000년 00월 00일

- 은행나무 : 먼지나 공해를 잘 견디고, 병과 벌레에 강해서 가로수로 많이 심는다. 잎은 부채꼴 모양이고, 가을에는 노랗게 물든다. 암나무와 수나무가 따로 있는데, 가을에 암나무에서 열매인 '은행'이 누렇게 익는다.

↳ 은행잎

- 느티나무 : 예로부터 마을의 정자나무로 사랑받았다. 가지를 사방으로 골고루 뻗어 여름에 그늘이 시원하다. 나무껍질은 밤색이며 잎은 길쭉하고 끝이 뾰족하다. 봄에 잎과 함께 노르스름하고 자잘한 꽃이 핀다.

↳ 느티나무잎

- 메타세쿼이아 : 빨리 자라서 가로수로 널리 심는다. 나무껍질은 갈색으로 벗겨진다. 잎은 줄 모양으로 마주나며 깃털처럼 생겼다.

↳ 메타세쿼이아잎

2) 가로수의 역할

- 공기를 깨끗하게 해 준다 : 광합성을 통해 이산화탄소를 빨아들이고 산소를 내뿜는다. 도시의 먼지나 오염 물질 따위를 나무의 가지나 잎이 빨아들여 깨끗하게 해 준다.

- 시끄러운 소음을 줄여 준다 : 자동차 소리나 여기저기서 나오는 큰 소리들을 나무가 빨아들여 소음을 줄이거나 막아 준다.

- 도시의 높은 온도를 낮춘다 : 냉난방 시설에서 나오는 열과 콘크리트 건물, 아스팔트 도로에서 나오는 열을 막아 준다. 여름에는 뜨거운 햇빛을 가려 주고 그늘을 만든다.

- 사고를 막아 준다 : 자동차가 다니는 길가에 가로수가 놓이면 자동차가 도로로 올라와 사고가 나는 것을 막을 수 있다.

- 도시에 초록색 옷을 입힌다 : 가로수는 사람들이 도시에서 가장 가까이 할 수 있는 녹지로, 사람들의 마음을 쾌적하고 편안하게 해 준다.

- 생물의 보금자리도 되고 이동 통로가 된다 : 가로수는 새와 곤충을 불러 오고, 띠 녹지를 따라 생물들이 오갈 수 있게 도와 준다.

* 조사 동기 *

동네 사람들이 함께 의논한 다음, 구청에 신청해서 아파트 앞 길가에 가로수를 직접 심게 되었다. 가로수를 심고 나서 우리 동네는 공기도 맑아지고, 초록 동네가 되었다. 우리가 심은 가로수는 왕벚나무인데, 가로수로 어떤 종류의 나무들을 심고, 가로수가 하는 일이 무엇인지 자세히 알고 싶었다.

* 조사 방법 *

1) 자료 조사: 동식물 도감, 탐구 도감, 인터넷 검색
2) 직접 조사: 우리 동네 라일락 마을의 가로수 종류를 관찰하고, 가로수 그림 지도를 만든다.
3) 준비물: 필기도구, 수첩, 돋보기, 사진기

　필기 도구　　　수첩　　　돋보기　　　사진기

* 조사 내용 *

1) 라일락 마을 주변의 가로수 나무로는 왕벚나무가 가장 많았다. 그 다음은 은행나무이고, 느티나무와 메타세쿼이아도 여러 그루 있었다.

- 왕벚나무 : 봄에 잎보다 먼저 꽃이 피는 나무로 공원과 도로, 정원에 많이 심는다. 꽃은 4월에 피며 하얀색과 연분홍색이다. 열매는 '버찌'라고 부르며 6~7월에 검붉게 익는다. 나무껍질은 잿빛이며, 윤기가 나고 가로로 얇게 무늬가 있다.

　버찌

조사결과

1) 우리 동네 라일락 마을의 가로수 종류는 왕벚나무가 가장 많고, 그 다음이 은행나무이다. 이 나무들은 가을에 잎이 지는 나무로, 여름에는 그늘을 만들어서 시원하고 겨울에는 잎이 떨어지기 때문에 도로가 어둡지 않다.

2) 조사한 가로수 종류는 그림 지도로 만들어 보았다.

3) 가로수와 가로수 사이에는 영산홍(떨기나무)이 심어져 있어서 띠 녹지 역할을 한다. 이곳으로 새들이 자주 모여든다.

4) 가로수 주변에서 관찰한 새는 직박구리, 참새, 박새, 까치 들이다.

5) 가로수 주변에서 공벌레, 개미, 무당벌레 등 벌레들도 많이 볼 수 있었다.

6) 가로수는 하는 일이 아주 많다. 자동차가 내뿜는 매연을 빨아들여서 공기를 깨끗하게 해 준다. 소음도 막아 주고, 눈과 비, 바람도 막아 준다. 가로수는 우리 마음을 따뜻하고 싱그럽게 해 준다.

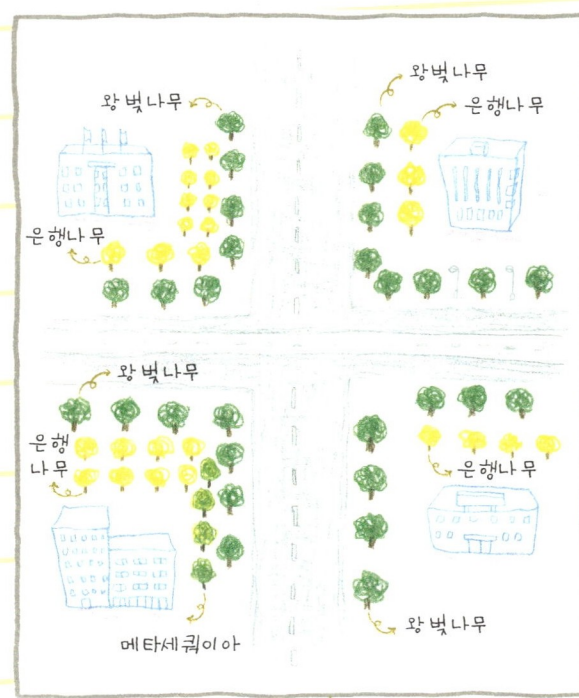

우리 동네 가로수 길

느낀 점

1) 가로수가 얼마나 소중한 일을 하는지 알게 되었다.

2) 처음엔 조사가 힘들었는데 직접 하고 나니 재미있고, 가로수를 왜 심는지, 무슨 나무를 심는지 깨닫게 되어 기뻤다.

3) 가로수 친구 나무를 정하고 나서 날마다 오가는 길이 새롭게 보였다. 만날 때마다 조금씩 변하는 가로수를 관찰하는 일도 즐겁다.

여러분도 한번 조사 보고서를 써 보세요!

* 조사결과 *

* 느낀 점 *

사진 자료 제공

은행나무ⓒ이경재, 왕벚나무ⓒ이경재, 버찌ⓒ김순한, 왕벚나무 잎ⓒ김순한, 왕벚나무 줄기ⓒ김순한, 제비꽃·꽃다지·별꽃·서양민들레·냉이ⓒ정암,
박새ⓒhttp://blog.naver.com/spica903, 직박구리ⓒ이경재, 서양버즘나무ⓒ이경재, 메타세쿼이아ⓒ원미정, 메타세쿼이아 잎ⓒ김순한, 도토리 싹ⓒ강대식,
개나리ⓒ이경재, 단풍나무ⓒ이경재, 가로수 손상 사진ⓒ김순한·이경재
※ 그 외 표기가 안 된 사진은 모두 대교출판에 저작권이 있습니다.